Billy's Diary 2

Combien tu m'aimes?

그대는 얼마나 나를 사랑해요?

김지원

심장이사

Prologue

사랑의 의미

Art of Love

필연+우연=인연 – 롤러코스터 – 00:41
– 00 데이 – 어바웃러브 – 그냥 그런 아침이 아닌

나의 사랑

술과 부케

20040502 - 20050121 - 20050411
- 20050212 - 20050224 - 20050517
- 20050626 - 20050509

그 녀석들
짝사랑에도 양다리는 있다

작업의 정석 – B형남자 – 두 녀석
– 미 앤 유 앤 에브리원 – 오후 11시
– 이터널선샤인–마들렌 – 이 또한 지나간다

내사람
서른 살의 빌리

앤디
이상형을 말하세요
– 그대에게 난 – 小雪 – 1+1
– 남편 – 3개월

나를 찾아서
나는 12월 14일에 태어났다

'하나의 눈짓이 되고 싶은…'
- There are
- Re:

사랑이라는 그것
Epilogue

Prologue

심장이사

아침부터 심장이 머리 위로 올라갔나 보다.
머리에서 계속 쿵쾅거린다. 공사를 하는지 아니면 머리가 뭘 보고 떨려서 그런 건지 걸을 때가 특히 아프다.
뭐야…….
왜 그런 거야…….
빨리 다시 제자리로 와…….
숨막혀.

답이 없다. 사랑 포럼, 거의 다 끝나간다. 사랑의 결론은 모르겠는데 이 사랑의 결말은 부정적으로 흘러가고 있다. 많은 사람들은 아름다운 사랑을 꿈꾸는데 왜 우리들의 사랑은 이렇게 어두울까?

난 또 어젯밤에 그에게 장문의 메일을 쓰고 아침에 발송취소 버튼을 눌렀다.

답답함의 끝이 없으니 또 술을 마신다.

그리고 다시 글을 쓴다.

반복, 반복, 반복, 그리고 또 반복.

사랑은 다시 심장을 머리로 옮겨 놓았다.

사랑의 의미

Art of Love

각 개성이 이룩하는 사랑의 강도는 존 앨런 리의 1973, 1976년도의 두 연구가 밝혀낸 구분이 참고가 된다. 그는 사랑의 상태를 여섯 가지 층으로 구분을 하고 대부분의 사랑에는 이들 형태 중 두 가지, 혹은 세 가지가 복합적으로 나타난다고 설명을 하고 있다.

마니아(Mania)

마니아 상태는 격정적인 사랑을 말한다. 광기와 분이 계속되는 상태다. 사랑하는 사람은 항상 상대가 보고 싶어 미칠 지경이다. 환희와 절망이 성난 파도처럼 교차되는 폭풍 노도 시대, 그러나 종말은 갑작스런 파탄을 가져올 확률이 많다.

에로스(Eros)

에로스 타입은 완전히 육체적이고 성적인 매력에 매료된 사랑 관계다. 그런 사랑은 '깜짝 사랑, 영원한 이별'이라는 우리네 속담처럼 빨리 불붙고 곧 없어지는 사랑이라는 것이다.

루두스(Ludus)

루두스 타입은 장난스럽고 우연한 사랑을 말한다. 서로 크게 상대에게 관심을 보이지는 않으나 서로 만나는게 재미있고 즐거우니까 좋아하는 관계다. 상대가 만나는 다른 사람이 많다는 것도 알고 있지만 서로의 의존을 피하기 위해 서로 용납하고 관계를 유지한다. 특별한 온정의 상호 교류가 없으나 심심하지 않아서 좋다.

스토르지(Storge)

스토르지 타입은 열정이나 탐닉은 많지 않으나 자신도 모르게 빠져드는 정이나 따스함을 느낄 때다. 이 타입은 우정에서 사랑으로 변하는 경우에 흔히 볼 수 있는 상태다. 많은 경우 사랑인지 단순한 우정인지 자신도 구별 못할 때가 많다. 애정의 위기 같은 것도 없고 비교적 지속력이 강한 상태이나 극적인 정열이 없는 것이 흠이다.

프라그마(Pragma)

프라그마는 보다 현실적인 사랑을 의미한다. 가슴보다 머리가 앞서는 사랑이다. 상대가 여러모로 자기에게 맞으니까 사랑한다는 타입이다. 성격도 맞고 조건도 그만하면 됐으니 한번 사귀어 보자고 하다가 시작된 사랑이다. 그러다 서로 더욱 마음이 맞으면 진한 사랑으로 발전하기도 한다.

아가페(Agape)

아가페는 지극히 기독교적인 사랑이다. 이해와 양보와 희생을 통해 이루어 가는 사랑을 말한다. 플라토닉 러브의 기본 패턴이다. 엄격한 의미에서 실제로 존재하기 힘든 사랑이어서 돈주앙(Don Juan)의 경우처럼 우리의 생각이나 이상 속에서만 살아 있는 실체다.

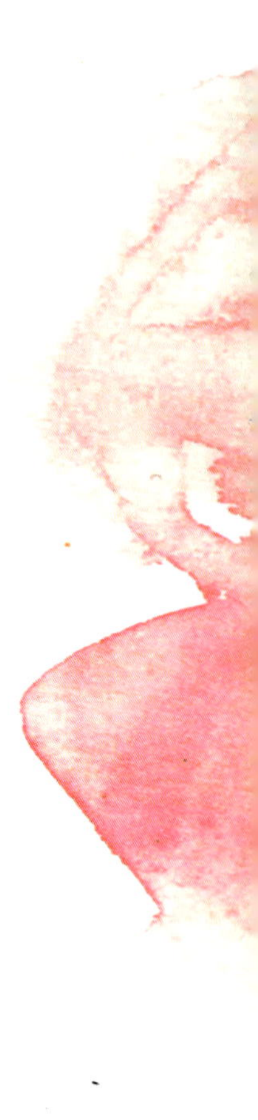

연애도 못하던 시절, 드라마나 영화 속 주인공이 사랑에 빠지는 장면을 보고 있으면 왠지 나도 모르게 사랑에 빠질 것 같고 꿈에 남자 주인공이 나올 것만 같았다.
20대의 나는 줄곧 '영화 같은 만남으로 남자친구가 생겼으면 좋겠다' 라는 로맨틱하면서도 비현실적인 만남을 상상하곤 했다. 지금 생각해보면 20대의 나는 남자친구가 없어도, 드라마틱한 로맨스가 없어도 나름 아름다운 청춘이었다. 친구들과 여행가기, 동아리 활동하기, 과 생활하기 등……. 물론 캠퍼스 안팎에서 커플을 보면 부러운 마음은 있었지만 막상 누군가 나와 사귀길 원하면 도망가기 일쑤였다. 가벼운 만남은 싫었다. 누군가와 잘 사귀다 보면 결혼은 지금 사귀는 사람이랑 해야 될 것 같은 생각을 하곤 했다. 그것도 20대 초반에. 지금 생각하면 참 어이없다. 결국 이런 이유 때문에 짝사랑을 가장 편리한 나의 사랑의 형태로 생각하게 된 것 같다.

아이들을 재워놓고 나만의 시간을 갖게 되어 제법 잘 나가는 사랑에 관한 책을 읽다 보면, 유독 마음에 콕콕 와 박히는 글귀들이 있다.
'맞아, 너무 공감돼.', '그때는 그랬을 텐데.'
라는 생각에 입가에 미소를 띠게 된다.

20대. 나에게 사랑의 의미는 도대체 무엇이었길래 그렇게도 사랑에 관한 고민을 많이 했던 걸까?

필연 + 우연 = 인연

인연은 내가 만들어야 한다는 생각이 문득 들었다.

이렇게 더운 날씨 속에서 바람이 살살 불어서인지 살만하다.
그렇다. 죽기는 힘든 거다.

더워서 죽겠다라는 말은 다 뻥이다.

아무튼 인연이 찾아올 때까지가 아니라 우연히 그러나 필사적으로 만남을 찾아야 하는 것 같다.

오늘 아침부터 31한테 전화로 투정을 부렸다. 그냥 미웠다.
그리고 31은 언제 돌아오는지 알려주지도 않은 채 한국을 떠났다.

그렇다. 사랑은 타이밍이다. 드라마나 영화 같은 그런 인연은 없다. 내가 인연을 만들어야 하는데 나는 드라마나 영화 같은 상황극을 잘하지 못했다. 그냥 내가 좋으면 된 거였다. 그래서 늘 혼자만의 사랑을 한 것 같다. 누군가 사랑은 반복이라고 했었다. 힘들 줄 알지만 계속할 수 밖에 없는 반복 놀이…….

하지만 난 시작도 제대로 안 해봐서인지 그 반복놀이를 잘 할 줄 몰랐다.
아마 알았더라면 계속 된 짝사랑으로 인한 고생은 덜 했을 텐데.
2004년, 그렇게 그런 날들을 보내다가 사랑 포럼을 시작했다. 개개인의 사랑은 천차만별이었고,

내가 걸어둔 화두는 '사랑은 롤러코스터다'였다.
그냥 그렇게 시작했다.

롤러코스터

사랑 포럼을 시작한지 이제 반년이 지나갔다. 나의 사랑은 여전히 '롤러코스터' 중이다.

놀이기구를
타는 것은 마치 사랑의 주
기와 비슷하지 않을까 하는 생각
을 했다. 놀이기구를 타기 위
해 기다릴 때의 설렘, 그 설
렘 속의 두려움. 이 두
가지의 감정을 동시
에 가지는 것이
사랑이 아닐
까?

기다림
끝에 롤러
코스터를 타
면 언제 어떻게
달리고 있는지를
계산할 겨를도 없
이, 쏜살같이 하지만
더욱 더 짜릿하게 달려
결국 최대치에 도달한 후
허무하게 목적지 혹
은 출발지로 다시
돌아온다.

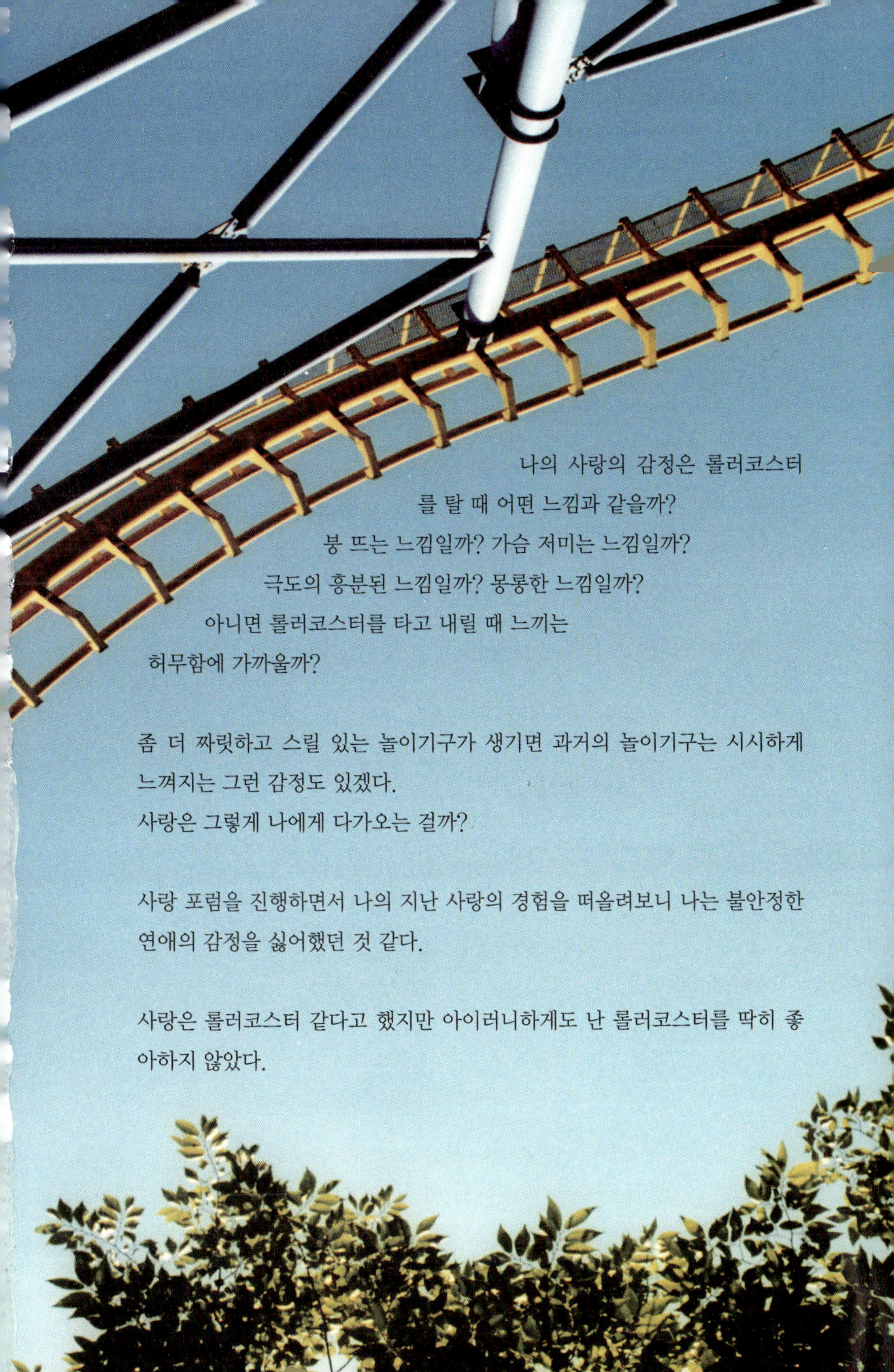

나의 사랑의 감정은 롤러코스터를 탈 때 어떤 느낌과 같을까? 붕 뜨는 느낌일까? 가슴 저미는 느낌일까? 극도의 흥분된 느낌일까? 몽롱한 느낌일까? 아니면 롤러코스터를 타고 내릴 때 느끼는 허무함에 가까울까?

좀 더 짜릿하고 스릴 있는 놀이기구가 생기면 과거의 놀이기구는 시시하게 느껴지는 그런 감정도 있겠다.
사랑은 그렇게 나에게 다가오는 걸까?

사랑 포럼을 진행하면서 나의 지난 사랑의 경험을 떠올려보니 나는 불안정한 연애의 감정을 싫어했던 것 같다.

사랑은 롤러코스터 같다고 했지만 아이러니하게도 난 롤러코스터를 딱히 좋아하지 않았다.

사랑은 롤러코스터다.
– 김지원 'Love 작업' 中

너가 4시에

그리움은 사람을 아름답게 한다.
– 함정임 '하찮음에 관하여' 中

온다면 나는 3시부터 행복해질 거야.
– 우종영 '나는 나무처럼 살고 싶다' 中

바다는 비에 젖지 않는다.
– 어느 드라마 中

00:41

사랑? 어떻게 하지???

영화 'before sunset' 에서 줄리 델피가 연기했던, 셀린느의 대사가 생각난다.

"내가 사귄 남자들은 다 결혼했어. 나랑 끝나면 결혼하더라. 그리고는 전화해서 고맙대. 진정한 사랑을 가르쳐줘서. 나쁜 자식들. 왜 내겐 청혼 안 해? 거절했겠지만!"

이 대사를 듣는 순간, 나도 이와 비슷하다는 사실을 깨달았다.

나와 성별이 다른 남자 친구들이 나에게 일관되게 하는 이야기가 있다.
"넌 왜 남자친구가 없는지 모르겠어."
"넌 정말 좋은 남자 만날 거야."
"내가 여자친구가 없으면 너랑 사귈 텐데……."
"넌 좋은 사람과 결혼할거야."

뭐 이 따위의 이야기들.

당시는 그냥 미소 또는 웃음으로 넘겨야 하는 줄 알았다. 그러나 스물여덟 해가 지나가는 지금, 그 따위의 이야기를 하던 남자들을 왜 웃고 넘겼을까 싶다.
"너는 왜 내 남자친구가 안 되는데?"
"여자친구랑 헤어지면 되겠네."
"그럼 넌 나쁜 놈이구나."

이런 식으로라도 들이 받았어야 했다.

Want you hear

내 마음을 듣길

Want you see

나를 봐주길

처음이야 이 떨리는 느낌

사랑해 사랑해 너를

이제 더 이상

친구로만 기억되기 싫은 난

다가올 날들을

늘 너와 함께 채워가고 싶은 난

용기를 내서

너에게 다가가기를 다짐해

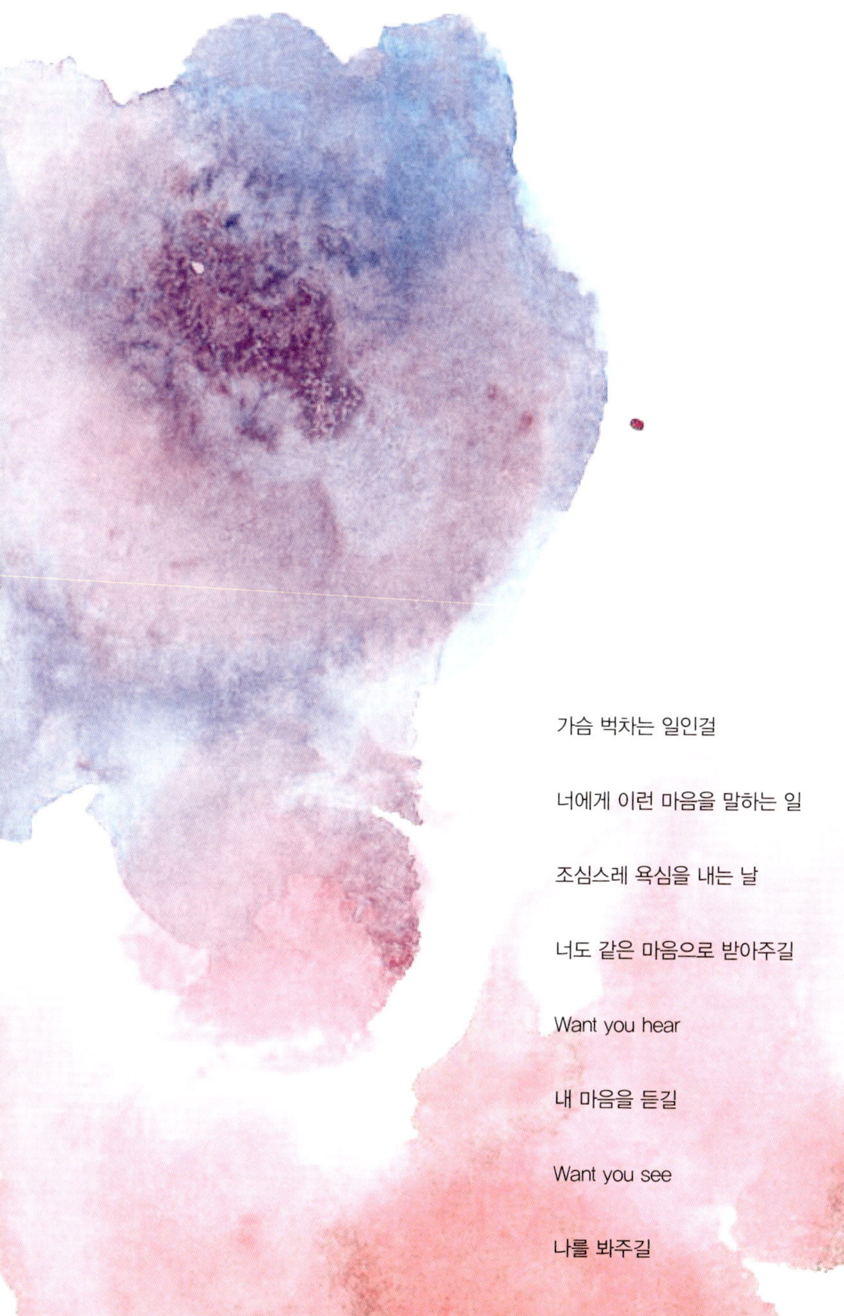

loveholic의 'Want You Hear' 중

가슴 벅차는 일인걸

너에게 이런 마음을 말하는 일

조심스레 욕심을 내는 날

너도 같은 마음으로 받아주길

Want you hear

내 마음을 듣길

Want you see

나를 봐주길

OO 데이

창 밖을 내다보는데 황홀하다. 나는 친구랑 만나기 1시간 전에 집에서 나왔다. 어제 찍은 사진도 맡기고 서점가서 책들 좀 보고, 거리에 다니는 사람들 구경도 하고. 아무튼 오늘은 특별한 날이라 그런지 하늘까지 특별해 보였다. 폴라로이드 카메라를 얼른 꺼내서 사진 한 장을 남겨 놓고 싶을 정도였으니.

친구랑 영화를 보고 혼자서 걸어오는데 그냥 왠지 모를 서글픔과 추위가 느껴졌다.

특별한 '00 데이', 새삼 더욱 싫었다.

어바웃러브
About Love

"그의 사랑에 의심이 갑니다."
"그의 친구가 자꾸 남자로 보입니다."
영화 '어바웃러브'의 포스터 문구가 확 와 닿았다.

사랑이 흔들리는 여자, '앨리스'
사랑을 의심받는 남자, '샘'
사랑을 숨기려는 남자, '아치'

세 사람이 진정한 사랑을 찾는다는 그냥 그런 러브스토리.
나는 영화를 보는 내내 남자들의 80%는 '샘'과 같은 스타일이고, 나머지 20%는 '아치'같은 스타일일 거라 생각했다. 사랑은 움직이며, 사랑은 멈추지 않고 끊임없이 변하고 계속 의심받기 때문에 흥미로운 것일 수 있다고. 난 원제 'The Truth About Love'에 더 끌렸다. 나는 그냥 사랑에 대한 이야기보다는 사랑에 대한 진실을 더 중요하게 생각하는 사람이기 때문일 수도 있겠다.

사랑의 대화…….

그냥 지루하다.

그냥 그런 아침이 아닌

일어나서 거울을 보며 스트레칭을 하고 있었다. 전화 벨 소리가 울린다. 침착하게 통화를 한 후 스트레칭을 마치고 소리 없는 괴성을 지른다. 그리고 마루를 뛰어다닌다.
무슨 전화였길래?

그건 마음으로 사랑하고 있는 친구의 전화였다. 언제부터인지 모르겠지만 우울하다가도 그의 전화를 받으면 기쁨의 괴성을 지른다. 그를 보면 황홀하다고나 할까? 나의 사랑 상태는 에로스도 아니고 마니아도 아니다. 루두스나 스토르지 같은 그런 상태다. 머릿속에는 온통 그 생각뿐이다. 병적이다. 짝사랑에는 어려움이 없는 줄 알았다. 그건 다 거짓이었다. 사랑은 중독이다. 왜 중독된 사랑이란 말이 나왔는지 지금은 조금 이해가 된다. 나는 사랑 경험이 별로 없다. 좀 더 객관적으로 따져보면 아예 없다고 할 수 있다. 어쩌면 나는 남자기피증이 있었을지도 모른다. 다가 올 것 같은 사람들은 내가 먼저 밀어내서 다가오지 못하게 한다. 20대 초반에 극히 내 기준에서 봤을 때 몹쓸 남자들을 너무 많이 봤다.

'난 네가 좋아.' 그래 놓고는 다음날 다른 여자랑 사귀고.
'난 네가 좋아.' 그래 놓고는 신체적 접촉만 원하고.

나는 마음으로부터의 사랑을 원했다. 너무 쉬운 육체적 사랑이나 가볍게 만났다가 헤어지고 오늘 헤어졌는데 내일 다른 여자를 만날 수 있는 고민 없는 사랑은, 원하지 않은 정도가 아니라 신랄하게 비난했다. 쉽게 변하는 사랑은 시작조차 하기 싫었다. 흔히 말하는 구닥다리 순정파 사랑을 원했다.

이제, 나도 사랑하고 싶다.
롤러코스터를 탔을 때의 기분이랄까?
울컥거리며 소리를 지를 수 밖에 없는, 그 떨어질 때의 기분.
그에게로 떨어지는 기분과 같지 않을까?

매일 밤 전화기를 보며 한 사람을 바라보고, 그가 종이에 적어 준 비밀번호를 꼼지락거리며 만지고, 그에게 쓴 편지를 보낼까 말까 망설이고, 그가 만나자고 한 날에는 뭘 입을까 망설이고, 그를 우연히 볼 수 있을까 하는 기대감으로 길에서 서성거리고, 땅바닥에 떨어진 귤 껍질을 보면서 신세한탄을 하고, 그에게 줄 목도리를 뜨면서 행복해 하는, 인내하며 기다리는 것이 행복으로 느끼는 것.
사랑.

스미듯

내게

그렇게

다가 온 사랑

.

.

.

나의 사랑

술과 부케

부케(bouquet): 신부가 드는 꽃다발.

신랑이 직접 자연에서 꺾어온 꽃으로 꽃다발을 만들어 신부에게 주었던 것에서 비롯되었다. 처음에는 풍요와 다산을 나타내는 곡물로 만들다가, 점차 나쁜 귀신이나 질병으로부터 신부를 보호하고 신성한 결혼을 지켜주기 위해 들꽃이 더 효과가 있다는 생각이 퍼지면서 꽃다발로 바뀌었다. 두산백과

유래도 찾을 수 없는 근거가 없는 말이지만 받은 부케를 100일 후에 곱게 태워줘야 잘 산다는 이야기를 들었으니 해야지. 그냥 친구가 잘 살면 좋으니깐.

이거 하나로 잘 산다는데 내가 뭘 못하겠니.

술(alcohol)

알코올 성분이 들어 있어 마시면 취하는 음료. 적당히 마시면 물질대사를 높이는 효과가 있다. 맥주, 청주, 막걸리 따위의 발효주와 소주, 고량주, 위스키 따위의 증류주가 있으며, 과실이나 약제를 알코올과 혼합하여 만드는 혼성주도 있다. 네이버 국어사전

나의 사랑에는 늘 술이 함께 하니 난 어쩜 술과 사랑을 하는지도. 맨 정신의 사랑은 어떤 거지? 술을 마시고 난 다음 날 아침, 난 전화기 통화목록을 확인하기 바쁘다. 나의 사랑은 술로 위로 받고 싶은가 보다.

진짜 사랑은 하지 않고 사진으로만, 말로만 하는 나의 사랑.
하지만 나도 사랑하고 싶은 마음으로 늘 가득 찬 여.자.였다.

20040502

부케를 처음 받은 날.

부케를 받으면 6개월 안에 결혼을 해야 한다는 말이 있다. 나는 무척이나 우울했다. 결혼할 사람은커녕 연애도 안하고 있는 나에게 부케를 받으라고?

하지만 어이없게도 뭐든 열심히 하는 나는 한 번에 잽싸게 날아올라 부케를 받았다. 결혼식이 끝난 후에는 술자리를 여기저기 옮겨 다니며 술을 계속 마셨다. 마지막 술자리에서 난 사진까지 열심히 찍어댔다. 다행히 기억은 있었다.

나를 째려보고 있는 일본인 여자 그림. 그 여자는 마치 '빨리 결혼이나 하지.' 라고 나에게 말하는 것 같았다. 나는 '언제 시집가냐?' 이런 생각에 한숨이 절로 나오는 듯 했다. 더 슬픈 건 이건 소설 속 남의 이야기가 아니라 바로 나의 현실이라는 것이다.

交通安全
清酒 月桂冠

이 날은 친구 수현이의 결혼식 날이었다. 나는 엄청 바빴다.
결혼식 스냅 사진도 찍어야 하고, 부케도 받아야 하고, 단체 사진도 찍어야 하고 동시에 단체 스냅 사진도 찍어야 했다. 그리고는 한솥밥 친구들과 2차로 일본식 주점에 가서 진탕 술도 마셨다.

남자친구도 없는 내게 꼭 부케를 주겠다던 친구. 그 무정한 친구의 부케를 100일 동안 고이 말려 100일이 지나자 마자 활활 태우는데 100일전 분노보다는 친구로써 할 일을 다 했다는 뿌듯함이 더 컸다.

B군이 나에게 이런 말을 한 적이 있다.

"너는 주변에 친구가 너무 많아. 그래서 남자친구가 없는 거야.

너의 주변 친구들과 용기 있게 함께 할 남자가 몇이나 되겠어?

싸이월드에 너의 일상을 좀 비공개로 바꿔봐.

남들이 봤을 때 너에게 궁금증을 유발할 수 있도록."

20050121

타임머신을 타다 전라남도 장흥군 대덕면 어느 사진관

수영오빠한테 전화가 왔다.
오빠가 사진작업을 하는데 모델이 필요하다고.
콘셉트를 듣고 재미도 있을 것 같고 웨딩드레스도 입고 싶고 심란하기도 해서 이런저런 이유로 승낙했다.

1960~1970년대 결혼식 사진.
나는 혼자서 극본을 짠다. 타임머신을 타고 1970년대로 돌아간다. 2005년의 나는 웨딩드레스를 입는 동시에 1970년대 전라도 어느 마을로 간다.

나의 과거 이름은 김.순.심. 나의 구닥다리 사랑에 딱 맞아 떨어지는 이름이다.
김순심양의 결혼식. 재미있는 연출이다.

신부대기실.
1970년대로 간 나는 포동포동한 것이 정말 사랑스러웠다.
웨딩드레스며, 식장의 배경이며, 신부화장이며, 부케며 모두 촌스러웠고,
신랑 또한 2대8 가르마를 타고 촌스러운 양복을 입고 있다.

촬영을 마쳤는데도 웨딩드레스를 입고 마을을 이리저리 뛰어 다니고 싶었다.
어떤가요? 이 웨딩드레스. 마을 한가운데서 보니 어떤가요???
지나가던 트럭 아저씨, 택시 아저씨는 신기한 듯 날 계속 쳐다본다.
웨딩드레스가 촌스러워서일까?
아님 웨딩드레스를 입고 동네를 돌아다녀서일까?

김순심양! 당신의 결혼식 마음에 드시나요?

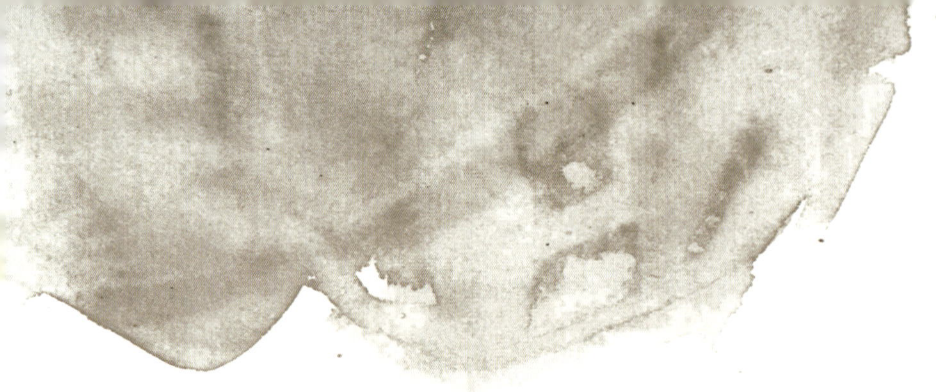

집에서 결혼은 언제 할거냐고 볶이던 그 때, 구식 웨딩드레스를 입고 한 결혼식 촬영은 실제 결혼에 대한 부담과는 무관하게 재미있기도 하고 만족스러웠었다.

사랑은 글로 배우는 것도 아니고 내가 생각하는 사랑을 표현하는 것도 쉬운 일은 아니다. 친구들이 '넌 그 사람 왜 좋아해?' 라고 물으면 정확히 뭐라고 답하지 못했다.

'잘 생겼어.', '내 이상형이야.', 이런 게 아니라

'그냥…….'

지금 생각해보면 나의 20대에는 그 흔한 남자친구와의 여행 추억이 없다. 여행을 좋아하는 나이지만 남자친구가 없는 덕분에 단둘만의 여행 대신, 왕성한 동호회 활동으로 친구들과 우정이 돈독해졌다. 그러니 따지고 보면 뭐 딱히 잃은 것도 없다고 볼 수 있다.

그럼에도 불구하고 나의 20대를 떠올리면 때때로 공허함이 느껴지는 것은 늘 사랑이 골인 점에 들어가지 못했기 때문이다. 그러다 보니 내 머릿속에서 많은 남자들이 떠오르곤 했다. 못 가진 자의 비애 혹은 숙명이랄까? 당연한 현상인 거다. 골인 점에 들어가지 못했으니 끝이 난 사랑은 없고, 그저 에피소드 같은 이야기 속의 여러 남자들이 종종 생각나는 것이다. 지정된 한 남자가 없으니 괜히 이 친구도 궁금하고 저 친구도 궁금했다. 그래서 내 술자리의 안주는 늘 이루어지지도 않은 혹은 진행되지도 않는 사랑이야기가 일쑤였다. 그땐 그렇게 말하는 것만으로도 설레고 재미있었다.

가끔 그런 시절이 그립다.

지금은 누구의 연애이야기보다 애들 키우는 이야기, 남편이야기, 시댁이야기, 교육이야기에 시간을 쏟는다. 물론 아쉽게도 술자리가 아닌 티타임으로.

20050411

갑자기 울컥거리는 마음에 친구한테 쪽지를 날리고 음악을 켜고 뭐라도 끄적거리고 싶었다.
한 남자는 보고 싶고, 한 남자는 미묘한 감정이고, 한 남자는 머릿속에 맴돌고.
모르겠다. 복잡하다. 될 대로 되라.
"사랑" 작업하면서 느낀 거지만 세상에서 사랑이 제일 어렵다. 혼자 집에 있으면 요즘은 이런 저런 생각을 많이 하게 된다.

나…… 술 안마셨다.

하지만 술을 만신창이로 마시고 떠들고 싶다. 그리고 그 다음날은 다시 어제가 되돌아 와 오늘이었으면 좋겠다. 아니면 하루가 생겼다 그냥 없어졌음 아주 좋겠다.

그 때는 심각하게 고민했을 한 명 한 명의 남자들. 지금은 어떤 이를 보고 싶어했었는지, 왜 그리워했었는지, 늘 좋아했던 친구들이 있었지만 지금은 그 어느 순간에 누굴 그리워했었는지조차도 잘 모른다는 거.
참 그 힘든 사랑도 결국 한 순간이라는 것을 깨닫는 순.간.이다.

20050212

'사랑과 집착의 차이는 무엇일까?' 라고 고민했던 날.

누가 좋아하는 모습을 보고 어떤 이는 사랑이라고 하고 어떤 이는 집착이라고 한다.
이 둘의 차이는 무엇일까? 받아들이는 사람의 경험에서 나오는 차이일까?

어느 드라마나 영화의 같은 장면을 보고
"우와……. 좋겠다."
"저런 사랑 받아봤으면 좋겠어."
라고 하는 사람이 있는가 하면

"저건 사랑이 아니야."
"너무 집요해."
"너무 소름 끼칠 거 같아."
라고 하는 사람도 있다.
이렇다 보니 당연히 개개인의 생각을 알기란 너무 어렵다.

처음 사랑을 하면 상대방의 온전한 마음을 가지고 싶어하지만 그 사랑이 깊어질수록 그 사람의 전부를 가지고 싶어한다고 한다. 지금은 사랑에 대해서 깊게 생각할 겨를도 없지만, 20대 최고의 관심사는 언제나 사랑이었고 따라서 사랑은 늘 술자리의 주제였고 오랜만에 만나는 친구들의 관심사였다.

"잘 지냈니? 남자친구 있어?"

"남자친구?"

"그 친구 아직 만나는 거지?"

식의 대화가 오가는 중에도 난 늘

"없어."

"소개팅 좀 시켜줘."

가 일쑤였다.
정작 소개팅을 시켜주면 하지도 않으면서 뭐 하는 짓인지.

나에게 사랑은 알면 알수록 힘든 거였고 어려운 거였다. 사람 속 마음을 알기는 참으로 힘든 거니깐. 나는 사랑을 하는 것과 속 마음을 아는 것이 같다고 생각한 것 같다. 내가 좋아하는 것을 상대방이 알게 되면 내 속 마음을 아는 것이니 사랑하는 것이고 당연히 나에게 가장 이상적인 사랑은 내가 좋아하는 사람이 먼저 날 좋아한다고 말하는 것일 수 밖에 없었다.

그것은 실패율도 없고, 상대방이 다가올 때 그 상대방에게서 도망갈 필요가 없는 사람이기 때문이다. 하지만 이런 나의 이상적인 사랑은 이루어지지 않았다.

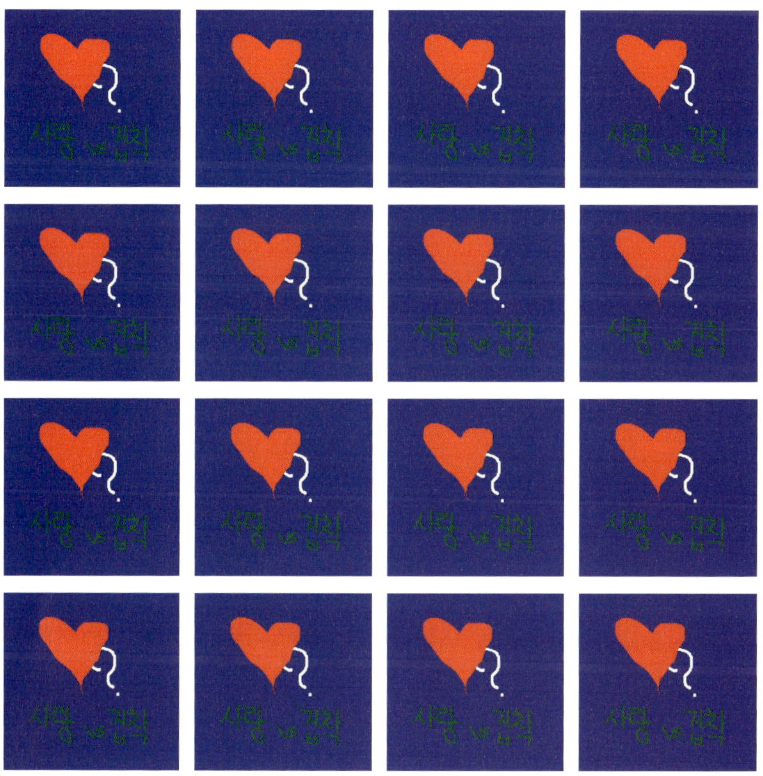
사랑 vs 집착

왜 그런 생각을 했는지는 모르겠다.
어쩌면 내가 먼저

"네가 좋아."

라고 고백했는데 상대편에서

"난 아닌데?"

라고 말하면 홀로 남겨진 채 감당해야 할 상처가 두려웠는지도 모르고,

'상대편이 어쩐지 잘해주더라'

혹은

'내가 집착해서일까?'

같은 합리화나 자기비하를 두려워했는지도 모른다.

지금 생각해보면 참 아무것도 아니다. 싫어한다면 그냥 안 만나면 되고 또 다른 사랑을 찾으면 되는데 시작도 못한 사랑에 대한 미련의 끝을 잡고 이것도 저것도 못하고 있지 않았나 하는 생각이 든다. 다시 10년전 나로 돌아가면 그 놈들에게 먼저 말했을 것이다. 후회 없이 사랑을 하든, 혹은 거절을 당해서 다른 사랑을 찾고 있든지 간에 사랑을 위해 무엇이라도 한다면 아마 미련은 없을 거다.

20050224

두 번째로 태운 부케.

지난 11월에 결혼한 친구 달님이의 부케를 태웠다.
정말 잘 말려서 인지 지난 번 수현이의 부케를 태웠을 때보다 더 잘 탔다.

예쁘게 말라서 더 예뻤던 부케.
이제 난 부케 태우기 전문가가 된 것 같다.
훨훨 잘 탔다.

20050517

어제 아빠께서 식사하시다가 부르셨다.
'무슨 일이지?'
드라마가 다 끝나고 식탁에 앉았더니 하시는 말씀이
"다음 달 6월내로 네가 나한테 소개할 사람이 없으면 내가 소개하는 사람들을 만나."
한마디로 사귀는 사람 없으면 선봐서 시집가라는 이야기다.

기간은 한 달.

뭐 그전에도 기회는 주셨었지만 생각해 보니 난 딱히 노력이라는 걸 한적 없고 그렇다고 소개팅을 했어도 딱히 맘에 드는 사람도 없었으니 드릴 말씀이 없던 건 당연하다. 아빠는 정말 올해 나를 시집을 보낼 작정이신가 보다. 특히 결혼은 20대를 넘기 전에 해야 한다는 말씀에 내 나이를 깎아 내리고 싶었다.

요 몇 년 사이 내 주변 사람들이 많이 결혼을 한 건 사실이다. 남의 결혼식장이나 집들이를 가면 나도 결혼하고 싶다는 생각을 하다가도 막상 결혼이라는 것을 진지하게 생각하면 절실하게 느껴지지 않는다. 하지만 난 밑도 끝도 없이 친구한테도 60살때는 남편이 있어야 한다고 말해왔다. 내 인생 어떻게 될지 모르지만 60세에는 왠지 누군가 내 옆에 있어야 할 것 같았다.

이날이 생생하게 기억난다. 어두운 거실, 살짝 켜진 식탁조명 아래에서 아빠가 겁을 주셨던 그 날. 당시 나는 '내 친구들은 왜 이렇게 빨리 결혼한 걸까?'라는 원망 아닌 원망을 하면서 쥐 죽은 듯이 조용히 내방으로 들어가서 대책 아닌 대책을 세웠던 그 날.

바로 그날부터였다.

아빠와의 냉전 시작. 한 달의 기간을 주셨음에도 불구하고, 냉전의 결과는 반전도 없이 끝났다. 나는 여전히 소개할 남자가 없었기에 그 후 나는 고분고분 아빠가 주선하시는 모든 선을 봤다.

긴장감도 전혀 없는 그런 만남들을. 내 마음에 들었던 상대는 없었지만 상대들 중 나를 마음에 들었던 사람은 2명이 있었다. 당시는 그런 점이 더 싫었다. 이런 나를 보며 부모님께서는 도대체 넌 뭐가 잘났다고 싫다는 건지 알 수 없다면서 답답해 하셨다. 굳이 이유를 대자면 '필feel'이 없다고나 할까?

아무튼 나는 아니었다.

20050626

생뚱맞은 전화.

갑자기 생뚱맞게 걸려온 전화. 밤에 심야영화를 보자는 거였다. 난 나름 정리되었다는 생각이 들었지만, 사실 아직도 난 정리된 게 아니었다. 안보면 보고 싶고 아직까진 그런가 보다.
그리고 얼마 후 다시 전화가 왔다. 회사 일이 너무 많아서 늦게 끝날 듯해서 같이 못 보겠단다. 난 상관없으니 일찍 끝나면 전화하라고는 끊었다. 그때 나는 수지에 사는 친구 집에 있었는데 수지에서 돌아오는 내내 생각을 멈출 수가 없었다.

'왜 갑자기 영화를 보자고 한 걸까?'
너무 궁금한 나머지 참지 못하고 메시지를 보냈다.

왜 갑자기 영화를 보자고 한 거야?
아이스 에이지 2가 안 나올 거 같아서?

참……. 의미도 없다. 어이도 없다.

그와 함께 보기로 했던 영화 '아이스 에이지'를 결국 영화관에서 보지 못하자, 그는 2편이 나오면 그때 보자고 했었다. 내가 2편이 안 나올 거 같다고 했더니 자기가 제작 투자를 해야겠다며 너스레를 떨었다.

M양의 말대로 그는 연구대상이다. 이해 못할 행동들을 참으로 많이 한다. 메시지를 보내면 그 답은 2박3일이상 걸리는 건 보통이고 전화는 당연히 받지도 않고.

결국 그날도 달달한 심야영화 데이트는 못하고 집 앞에서 술만 마셨다. 역시 우린 연인이 아니라 친구였다.

지금의 나는 남편이 심야영화라도 볼까라고 전화를 하면, 애들을 엄마한테 맡기고 갔다 와야 하나 살짝 고민하다가 곧 '됐어. 그냥 들어와. 귀찮아.'가 일상이 되어버린 아줌마. 중년아줌마는 왜 설렐 수가 없나에 대한 답을 생각해보니 여건이 안 되는 나에게서 찾을 수 있었다. 이제 나는 연애할 때의 설렘과 흥분 대신 가족의 포근함과 안정됨을 더 추구하는 나를 보게 된다.

20050509

나는 몸의 어떤 부분, 혹은 몸의 어떤 부분을 가리고
있는 것이 그 사람에 대해서 많은 것을 이야기해
주는 경우를 자주 보게 된다.
구두는 폴로티 스웨터보다 더 많은 것을 말해주며,
엄지손가락은 팔꿈치보다 더 많은 것을 말해주며,
손목은 외투보다 더 많은 것을 말해주며,
발목은 어깨보다 더 많은 것을 말해주며...

나는... 구두 → 헤어스타일 → 눈 → 손 → 말투 ...

- 왜 나는 너를 사랑하는가
(알랭드 보통 作)

나는 처음에 사람을 만나면 시선을 구두에 둔다. 그리고 헤어스타일로, 눈으로, 손으로 옮겨 가고 마지막에 상대방의 말투에 귀 기울인다. 얼핏 잘못 오해하면 아래 위를 훑어보는 것 같아 상대방이 기분 나쁠 수 있을지 모른다. 하지만 나도 모르게 시선이 그렇게 옮겨 간다.

순간 나는 클로이의 팔꿈치 근처에 있던, 무료로 나오는 작은 마시멜로 접시를 보았다. 의미론적 관점에서는 설명할 수 없겠지만, 갑자기 나는 클로이를 사랑하는 것이 아니라 마시멜로 한다는 것이 분명해졌다. 마시멜로가 어쨌길래 그것이 나의 클로이에 대한 감정과 갑자기 일치하게 되었는지 나는 절대 알 수 없을 것이다. 그러나 그 말은 너무 남용되어 닳고 닳아버린 사랑이라는 말과는 달리, 나의 마음 상태의 본질을 정확하게 포착하는 것 같았다... 그때부터 사랑은, 적어도 클로이와 나에게는, 이제 단순히 사랑이 아니었다. 그것은 입에서 맛있게 녹는, 지름 몇 밀리미터의 달콤하고 말캉말캉한 물체였다.

나는 너를 사랑하니

= 나는 너를 마시멜로하니.

나는 마시멜로가 좋아....

둘만의 언어... 그들만의 암호같은...

사랑하는 누군가 말해 줄 수 있으니까...

- 왜 나는 너를 사랑하는가
(알랭 드 보통 作)

사랑하는 사람끼리 사랑이라는 말을 대체 할 수 있는 둘만의 소통 단어. '나는 너를 사랑해' 보다 '나는 너를 마시멜로 해' 혹은 '나는 마시멜로가 좋아' 처럼 둘만 알아 들을 수 있는 둘만의 언어. 그런 사랑의 언어를 만들어봐도 재미있겠다.

알랭 드 보통의 꼬치놀이.

나만의 꼬치놀이.

나
피곤할 때 모차르트
갑작스럽게 혼자만의 시간 만들러 가 싶은 날
밥 좋아하는 음악을 들으며 드라이브
비오는 날 친구들이 낮은 터널 작하여 트레이닝
여행에서의 여유, 사색 만드는 거 좋아하는 추다
친구와 둘 싶어하는 커피 안마신 친구들과의 비밀 만들기 싶은
하기 싫은 일 억지로 하는 거 싶어하는 갑자기 들뜨기 (3일 이상 잠자기)
몸이 지쳤으면 좋아지지 않는 싶은
가끔 우울증 오르가즘 가-
눈썹 차이코프스키 바이올린 협주곡
아들러기 가방 뮤키크라우트 스티븐 바나나차
엄마의 취 가득 안토니아의 잘츠부르크 (Salzburg)
베토벤의 하이얀 리조트 하셨을 카페라떼
나의 가족 티아망당의 치즈케이크

약간 차가운 바람이 불 때 이불을 덮고 웅크렁거리기
발리신발 엘리자베스 아덴의 향수 초콜릿을 좋아함
프랑스식 창문 사라 문 빌리 엘리어트 영화 흰 셔츠
로버트 프랭크 스시히로바 대나무밭 인도풍의 옷
바다와 소주와 회 그리고 매운탕 송광사
Thursday island 분당의 갈매기살
안면도 환상의 저녁 참 양평
방콕의 여행자거리
이색적인 것 이국적인 것

그 녀석들

짝사랑에도 양다리는 있어

오늘 나의 이야기를 듣더니 J언니가 말한 거다.
그렇다. 나는 그래왔다.

누구를 찐하게 죽어라 사랑한적도 없고 그렇다고 아무도 사랑하지 않은 채 있지도 않았다. 그냥 적당히 적정한 거리를 두고 사랑이라고 하기엔 좀 부족한, 혹은 많이 좋아하는 상태로 있었다. 며칠 전까지만 해도 그 상태로 있었다.

이제 다 정리했다. 그 두 명 모두 다. 나의 짝사랑은 한 명이 아니었다. 양다리 짝사랑. 한 명은 8년, 한 명은 4년. 그냥 그들이 좋았다. 그냥 이유도 없이 좋았다. 그들의 성격은 나와 너무나 달랐고 그들의 생각은 더 달랐고 그들은 나의 생활을 다 이해해 주었으나 나의 생활을 좋아하진 않았다. 그들은 조용한 성격이었으며 그들은 내가 여행 갔던 곳을 가고 싶어했다. 특히 4년의 그 놈은 보성을, 8년의 그 놈은 유럽을 가고 싶어 했다. 난 기분이 썩 좋지 않다. 늦었지만 처음부터 다시 시작하려 한다.

몇 년 후, 딸 아이가 자라서 이런 일로 힘들어한다면 내가 어떤 조언을 해 줄 수 있을까? 아니면 나와는 달리 연애박사라서 내가 조언할 필요도 없이 알아서 잘 하고 다닐까?

사랑은 사람을 매번 치사하게 만든다. 사람 마음이란 게 그렇게 쉽게 뜻대로 되지 않는 것이라서 잊었다 믿고, 아니다 무시하고, 이거다 믿고 가야만 사랑이 가능하다는 것을 지금은 안다.

작업의 정석

진리다. 작업을 위해서는 내숭이 필요했던 것이다.
진실된 마음? 그건 내숭이 통한 후에나 보여 줄 수 있는 것이다.
하지만 사람의 진실된 마음이 언젠가는 통할 테니 그 전에 내숭만 떠는 것은 확실히 내 취향은 아니다.

영화 '작업의 정석'에서는 보름달이 뜬 날에 은수저로 홍차를 저으면 천사가 옆에 나타난단다.

웃기시네. 쳇!

형남자

주변사람들 중에 그냥 지내다가 성격이 좀 안 맞는다 싶으면 B형인 경우가 많아서인지 유독 B형 남자들이 싫었다. 그런데 어이없게도 난 B형 남자에게도 쉽게 빠지곤 했다. 반대의 성향을 가진 이들에게 끌린다고 했던가. 처음 사귀었던 남자친구도 B형이었고, 내가 좋아했던 선배도 B형이었고 나를 좋아했던 남자도 B형이었다. 하지만 나의 결론은 B형은 Best Friend는 될 수 있으나 연인은 될 수는 없다는 것.

나는 A형.
B형의 접근방식이 싫었다.
언제부터 혈액형 타입에 집착하게 되었는지는 기억은 잘 안 나지만 요즘 난 누가 소개팅을 주선하면 상대방의 혈액형부터 물어본다. 내 주변의 남자들의 혈액형을 떠 올려보니 많이 알지도 못하는 남자들 중, 또 그 중에서 혈액형 파악이 안 된 남자들을 제외하고 17명이나 B형 남자였다. 웃기긴 하지만 언젠가 나는 B형인 B군과 나의 문제점에 대해 이야기해보았다. 좋아하지만 결코 인연이 될 수 없는 B형과 나의 인연에 대해……. 물론 결론은 나지 않았다. 오히려 B군은 뜬금없이 “B형 여자가 더 이상해.” 그러는 것이 아닌가.

내가 좋아했던 두 친구는 A형과 O형이었다.

그런데 결국, 나는 B형과 결혼했다.
말은 함부로 하면 안 된다는 것을 깨달았다.
가끔 남편한테 이런 말을 한다. 딸이 B형 남자를 데리고 오면 절대로 절대로 결혼을 시키지 않을 거라고.
그러면 남편은 그런다.
우리 딸은 괜찮아. B형남자도 이해가 안 되는 AB형이잖아.

두 녀석

고지식한 나는 결혼 후 이성과의 1대1 만남은 하지 않는다.
물론 단체 모임에서 보거나 문자나 안부 전화 정도는 하겠지만 1대1 만남은 왠지 모르게 어색하다.

이것이 내가 생각하는 결혼 후 이성친구이다.

녀석들의 공통점은 일상과도 같이 큰 사건도 기억 할 만한 장소도 별로 없다. J군은 만나면 거의 집 앞이었고, 31은 대학 1학년을 마치고 입대, 제대 후 바로 유학을 가서 만남의 기억보다는 편지의 기억이 더 많은 친구다. 그러고 보니 두 녀석의 공통점은 사건보다는 기억 속 추억이 많은 친구들이다.

〈J군〉

언젠가 트라이포드를 들고 촬영을 나간 적이 있는데 하필 그 날 술자리는 길어졌었다. 길어진 술자리에 무거운 트라이포드를 들고 집에 가려니 몸이 더 무겁게만 느껴지는 그때, 나와 가까운 곳에 살던 J군이 집 앞까지 기꺼이 트라이포드를 들어주었다. 워낙 남에게 짐을 맡기는 성격이 아니기에, 트라이포드를 맡기는 것도 거의 처음인 듯 하다.

나는 J군에게 집 근처에서 가라고 했지만 J군은 경비실 앞까지 들어다 주고 갔다. 물론 술을 마셔서도 그렇지만 그만큼 믿고 싶었기에 맡겼던 것 같다. 엘리베이터를 탈 때까지 기다렸다 간 J군.

난 매우 기분이 좋았다.

〈경계〉

5분만에 준비를 하고 나가야 했던 나는 정말이지 맨 얼굴로 나가야 했다. 차 안에서 제야의 종소리를 라디오로 듣고 예술의 전당에 가서 불꽃을 봤다.

매년 예술의 전당의 송년음악회를 갔었는데 올해에는 제사로 인해서 집에 있었다. 예술의 전당 송년 행사의 마무리는 불꽃놀이라는 것을 알았던 나는 갈까 말까 망설이던 중에 J군의 "그럼 한번 가보자." 라는 말 한 마디에 달려 나갔다. 그러나 나의 기대와는 달리 올해의 이벤트는 작년만 못했다. 더군다나 조금 늦게 도착한 우리 둘은 야외 공연도, 어떠한 이벤트도 제대로 볼 수가 없었다.

그냥 그렇게 돌아오는 길. 한 해가 끝났고, 또 다른 한 해가 시작되었다.
2005년의 마지막 사진도, 2006년의 첫 사진도 J군에 의해 찍혔다.

〈넥타이〉

넥타이를 하고 왔다. 회색양복에 잘 어울렸다. 넥타이 색감 때문에 안에 입은 셔츠와 양복을 신경 썼다는 말이 나를 더 씁쓸하게 했다.
결국 나는 새벽에 문자를 보냈다.
'넥타이 잘 어울리던데' 내가 진짜 하고 싶은 말은 아니었다.
조금 후 그에게서 문자 대신 전화가 왔다.
필름 끊기기 전에 전화하는 거라면서.
요사이 자주 만날 기회가 생기면서 정리됐다 믿었던 마음이 오히려 더욱 더 아프다. 나의 짝사랑은 늘 이런 식으로 다시 시작한다.

J군은 친구 결혼식에 내가 여행 다녀오면서 선물했던 바로 그 넥타이를 하고 왔다.

〈31〉

만나서 한 것이 별로 없다. 만남의 추억은 없지만 전화 통화나 편지는 많이 했다. 제대 후 바로 유학을 가서 만날 시간도 별로 없었던 31. 그리고 나는 술을 좋아하는데 반해 31은 술을 좋아하지 않았다. 그래서 술자리를 같이 가져본 기억도 거의 없지만 잊을 수 없는 일은 있다.

31이 휴가를 나온 어느 날이었다.
길지 않은 시간에 나를 만나고 데려다 주는 길에 31은 내가 조금이라도 편하게 갈 수 있도록 통로가 좁은 아파트 단지를 굳이 후진으로 들어와 집 바로 앞에 내려 주고 갔다. 지금 생각하니 '후진으로 차를 돌릴 시간에 뛰어 들어오는 게 더 빠르고 편한데 왜 이러는 거니.'라고 했겠지만 그 때는 참 배려심이 많은 남자라 생각했던 것 같다.

〈영영사전〉

31은 그렇게 갑자기 미국으로 갔다. 미국에 간 얼마 후에 나에게 선물을 보냈다는 메일을 받았다. 난 당연히 설레고 기대됐다. 그러나 기다리고 또 기다리는데 선물은 올 생각을 안 했다. 난 별별 생각을 다하기 시작했다.

주소를 잘못 썼나?
아님 안 보내고 보냈다고 하는 건가?
내가 없을 때 와서 집안 식구 누군가가 숨기거나 돌려보낸 거 아니야?

라고 생각할 때쯤 마침내 선물이 도착했다. 나의 상상력을 비웃듯 배편으로 온 선물. 영영사전.
뭐야…….
31이 미국에서 보낸 첫 선물은 다름아닌 영영사전. 영어공부 열심히 하라는 메시지와 함께.

나의 기다림의 시간들은 한 순간에 허무함으로 변했다.
넌 여자를 너무 몰라……. 흥!

〈169송이〉

어느 날, 커다란 택배가 왔다.
이건 뭐지?
들여다보니 참 꼼꼼하다 싶을 정도로 만든 우드락 박스 안에 종이 장미꽃 169송이가 가득 차 있었다.
13x13의 배열. 일정하게 배열된 종이로 하나하나 정성껏 접은 장미꽃.

예쁘다.
오랜 시간 접었겠구나.
고맙다.
무슨 의미일까?

여러 생각이 교차했다.
그러면서 난 혹시라도 31이 기분이 어땠냐고 물어보면 뭐라고 대답할지를 고민했다.

너 시간이 널널하구나?
요새 한가해?

물어봤다면 이렇게 말했을 거다. 하지만 물어보진 않았다. 좋아도 너무 좋다고 리액션이 많은 나는 아니기에 이런 것을 받고 감동에 감동을 받았다고 호들갑을 떨지는 못했을 것이다.
에휴.

이런 마당에 십자수에 빠져있던 나는 13x13배열을 보는 순간 십자수나 해 보자 해서 놓았는데……. 그 크기가 너무나 작아서 선물을 할 수가 없었다. 어쩜 선물을 받은 고마움의 표시로 그 모양 그대로 십자수로 놓아서 주고 싶었을지도 모른다.
하지만 그 크기가 손톱만했다.
역시나 나의 사랑 표현은 잘 안 되는 걸로…….

미 앤 유 앤 에브리원
Me and You and Everyone We Know

우연히 보게 된 영화. 가끔 이렇게 예매 없이 보는 영화도 좋다.
사랑 이야기다.
비디오아트를 하는 여자. 평생을 사랑하지 않는 사람과 살았지만, 마지막에 사랑하는 사람과 여행을 가고 싶어하는 할아버지. 20년 후의 예물을 미리부터 준비하는 꼬마아이와 음란채팅을 하는 형제들. 자매 같은 친구사이인 두 여학생. 그리고 아내와 이혼한 신발을 파는 남자 주인공.

영화가 시작하기 직전 핸드폰 전원을 끄려는데 31한테 전화가 왔다.
무려 3달만의 통화.
싸운 후 첫 통화.
그러나 아무렇지 않게 또 대화를 했다.

영화가 끝나고 핸드폰 전원을 켰다.

부재 중 전화. 1통

J군.

참으로 묘한 기분이다. 이상한 날이다.

YOU
ME
and
everyone we know

오후 11시

오후 11시에 방 정리를 하면서 편지를 정리했다. 동기들 후배들 선배들이 군에서 보낸 편지가 정말이지 많았다. 사실은 버리려고 꺼내기 시작했는데 읽다 보니 나의 추억을 버리는 거 같아서 읽기만 하고 그냥 다시 상자에 넣어두었다. 그리고는 몇 명의 친구한테 전화를 걸었다.

새벽 1시.
그들에게 전화를 걸어 그들이 보낸 편지를 읽어주고 그 때의 일을 잠시나마 생각해보았다.
어떤 편지는 읽고 있으려니 눈물이 났고, 어떤 편지는 읽고 있으려니 웃음이 났다. 어떤 편지는 누군지도 알 수 없었고, 어떤 편지는 누군가 나를 무척이나 아껴주었음을 뒤늦게 알았다. 기억에서 잊었던 사람들이 이 상자 안에 있었다.
참으로 많은 편지를 보내주었던 31이 한없이 보고 싶어졌다.

31과 영화 '미술관 옆 동물원'을 본 적이 있다.
영화를 보고 나왔는데 바로 좀 전에 본 장면들이 그대로 스쳐 지나갔었던 기억이 있다. 사진도 많이 보내주고 10원짜리 동전을 하트로 만들어주었고 169송이의 장미도 접어서 보내주었었다.

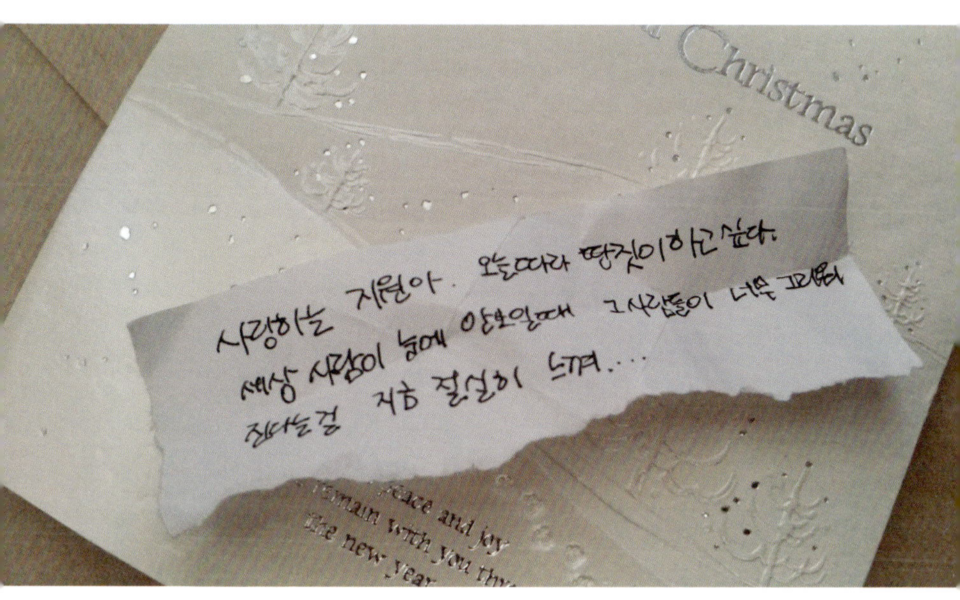

문득 재현이가 써 준 쪽지 하나가 이상하게 마음을 저려오게 했다.

맞다.

보이지 않을 때 그들이 절실히 그리워지는 거 같다.
가까이 있을 때는 잘 모르다가 말이다.

이터널선샤인
Eternal Sunshine

어떤 사람이 싫어서 아무리 기억을 지워도 그와의 인연은 또 만들어진다. 기억을 지울 수는 있을지 몰라도 어떤 사람에 대한 성향은 바꿀 수 없다. 정말 내가 사랑했던 사람을 기억 속에서 지우고 싶어진다면, 지울 수 있다면, 그게 과연 잘 하는 짓일까?
지우고 싶도록 싫은 그와의 과거가 있다면, 지우고 싶은 많은 기억들만 있다면 그렇다고 해도 그냥 그것도 내가 살아온 길이라 생각하고 싶어졌다.

갑자기 예전에 정선 아우라지 바닥에 누워서 별을 본 기억이 났다. 엄청 추웠는데도 불구하고 술 기운 때문인지 그냥 기분 좋을 정도로 시원했다. 이불을 가지고 나와서 한참을 별을 보다가 들어간 추억이 생각이 났다. 영화 '이터널 션샤인'의 한 장면처럼

눈이 온 바닷가에서 누군가와 눕고 싶어졌다.

지우고 싶은 추억, 기억 따위는 벌써 잊은 채.
눈이 온 모래 위에 혹은 침대 위에 사랑하는 사람과 있다면 매우 근사하리라 믿으면서.

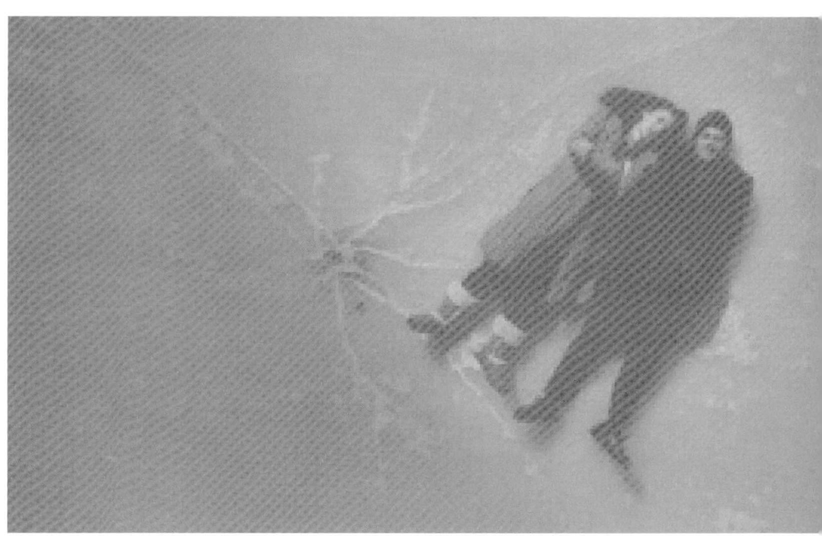

마들렌

달걀과 유지를 많이 써서
연하고 가볍게 만든 카스텔라에
속하는 컵케이크이다. 본래 케이크의 표면이나
사이에 아무것도 첨가하지 않은 플레인 케이크를 말한다.
이것은 마데이라주 (포르투갈 특산의 포도주)로
맛을 들였기 때문에 이런 이름이 붙었다.
영국에서 가장 흔한 과자이다.

정말 오랜만에 집에 일찍 들어갔다.
며칠 전 마들렌 틀을 구입한 것이 생각나서 마들렌을 굽기로 했다. 결과는 썩 맘에 들지는 않으나 먹지 못할 정도는 아니었다. 마들렌이 다 구워질 무렵 H한테서 전화가 왔다.

H랑 집 앞 한강에서 이야기를 하면서 막 구운 마들렌을 먹었다.
약속된 것도 아니고 서로 확인 한 것도 아닌데 H는 따뜻한 커피를 챙겨 왔다.
하지만 마들렌을 보더니 마들렌엔 홍차가 어울린다면서 다음 번에는 홍차로 가져오겠단다. 마냥 기분이 좋아졌다.

내가 “맛이 없어요.”라고 하자
H는 “이 정도가 맛이 없는 거면 맛있다고 하면 어떨지 더 기대되는데.”라고 한다.

마르셀 프루스트Marcel Proust는 자신의 소설 〈잃어버린 시간을 찾아서〉에서 ‘마들렌’을 유년시절의 추억을 떠올리게 해주는 빵으로 묘사하였다.

나는 ‘마들렌’하면 이 날 이 기분을 떠올릴 수 있을까? 그저 카스텔라 종류의 빵을 좋아해서 마들렌을 구웠던 날. 나의 기억 속 수많은 마들렌 중에서 한강에서 먹은 마들렌은 여전히 그 후로도 종종 내 기억을 스친다.

이 또한 지나간다

영화 '봄날은 간다'의 최고의 장면, 최고의 대사는 역시 '라면 먹고 갈래?' 와 '사랑이 변하니?' 이다.

그렇다. 사랑이 시작 될 무렵에는 그 누가 뭐라고 하든 '라면' 하나에 수만 가지의 이유와 여지를 부여하고 동기를 찾고, 모든 사건에 필연성을 부여하다가 마침내는 자신만의 합리화를 통해 결과를 받아들이는 과정을 거친다. 하지만 그렇게 필연적이었던 사랑은 예고편도 없이, 어떤 조짐이나 증후조차 알아채지 못한 채 그냥 어느 날 갑자기 '변함'이라는 결과에 도달해 있다.

단순한 고유명사에 수천, 수만 가지의 의미를 부여하면서 즐거웠던 날들. 그러나 어느 날 뒤돌아 보면 한강은 그냥 한강이고, 넥타이는 그냥 넥타이일 뿐이고, 마들렌은 그냥 마들렌이고, 트라이포드는 그냥 나의 트라이포드이다. 양다리 짝사랑도 또한 지나가면 그냥 그런 사랑인 것이다.

다 지나간 지금, 그 모든 것들은 그냥 그런 대명사일 뿐이다.

이상형 여행–영화–공연–만화 싫어함–오락 안 함–서울지리–운전–낚시 즐기지 않음–걷기

내 사람

아함–손톱 짧음–스타일–나와의 인생관이 비슷함–경제 관념–자립심–다정함–가정적–바람기 없음–스스로 자기의 인생 즐길 줄 알아야–피부–따뜻함–혼자서 중얼거림 싫음–평생 손 잡아 줄 수 있는 사람–나를 잘 알아 줄 수 있는 사람–말이 통하는 사람–this를 말할 때 this라고 이해하는 사람–가족적

서른 살의 빌리

B형남자는 매력적이지만 나와 맞지 않으므로 더 이상 나는 B형 남자와 인연을 맺지 않기로 했다. 5분을 이야기해도 따분한 사람이 있고 5분을 이야기해도 끌리는 사람이 있다.

이것은 외모와는 별개의 문제로 아무런 노력하지 않아도 그저 나와 코드가 맞는 그런 사람이 존재할 것이기에, B형이 아닌 남자들 중 그런 사람을 찾으리라 결심한 것이다. 내가 농담할 때 농담으로 받아들일 줄 알아야 하고 내가 슬플 때 아무 말을 안 해도 그저 위로가 되는 그런 사람.

2006년 5월 26일,
너무 화창했던 봄날. 커피숍이 아닌 도산공원 앞에서 만나기로 한 남자가 있었다. 그런데 30분이나 지났는데도 오지 않는다. 다리가 아프기 시작했다. 난 무덤덤한 척 이어폰을 귀에 꼽고 기다렸다. 다시 30분이 지났을까? 다리도 아프고 아이팟에 있던 음악도 거의 다 돌아가고 이제는 슬슬 지루함을 넘어 짜증이 밀려 오려하는데, 그 남자의 차가 나타났다. 늦어서 안절부절 못하는 그 사람은 서둘러 발렛 파킹을 맡기고 커피숍에 들어가려고 하는데, 나는 그 남자를 붙잡고 밥이나 먹으러 가자고 그랬다. 일단 밥부터 먹게 된 만남. 이미 30분이나 늦은 이 남자에게 좋은 감정이 있을 턱이 없고 일단 맛있는 식사로 배부터 채우자는 생각이 은연 중에 있었는지 메뉴를 주저 없이 스시로 정했다. 식사를 마치니 배도 부르고 기분도 누그러져, 이젠 남자를 탐색할 마음이 생겨 이런저런 이야기를 하게 되었다.
첫 만남부터 늦은 사람이라 시간 관념도 없고 잘 안 통할 거라 생각했는데 의외로 이야기도 잘 통하고 공통된 관심 분야도 많다는 것을 느꼈다. 나는 어느새 다음에 만날 날짜를 잡고 있었다. 이렇게 만나서 두 번째 만날 날짜를 잡는 건 처음이 아니었나 싶다. 그렇게 나는 B형남자를 포기한지 채 하루가 되지 않아 봄날을 맞이하고 있었다.

사랑은 참 웃긴다. 내가 짝사랑 하던 사람이 있었나 싶을 정도로 정신 없이 진행되는 거대한 물살 속에서 나는 급기야 지금 내가 정상인가를 의심하기도 했다. 결국 나는 용기를 내었다. 지금까지 하지 못했던 말, 그러나 꼭 물어보고 싶었던 것을 그 녀석들에게 물어봤다.

'너는 나랑 결혼하고 싶니?'
한 친구는 '아니.'
한 친구는 또 연락두절.
그렇다. 사랑은 타이밍이다.
나의 짝사랑은 맞지 않는 타이밍으로 그렇게 간단하게 마무리 되었다.

앤디

내가 지어준 애칭.

그냥 친구한테 '내 남자친구가 말이야', '지금 사귀고 있는 오빠가' 이런 말 보다 그냥 '앤디가' 라고 말하는 게 좋았다.

앤디는 그 동안 만났던 내 주변 남자들과는 많이 달랐다. 우선 결단력이 있고 추진력이 있었다. 그래서인지 늘 결단력 있게 일을 진행하던 나도 어느새 그에게 이끌려 소풍도 다녀오고 부모님께 인사를 드리더니, 심지어는 상견례 날짜를 잡고 있었다. 만난 지 6개월만에 결혼한다는 말도 안 되는 일이 나한테 벌어지고 있었던 것이다.

5월26일 첫 만남. 11월 22일에 결혼.
총 6개월만에 이루어진 기적이다. 적어도 나에게는 기적이다.
남자친구도 없던 시절의 나는 '일단 사람은 1년은 두고 봐야지. 봄, 여름, 가을, 겨울 그 사람이 어떤가를 지켜 봐야 해.', '난 B형만 아니면 돼.' 라고 입에 달고 살았는데 한 순간에 다 무너졌다. 심지어 남자친구가 있었던 친구들을 제치고 이렇게 수월하게 내가 먼저 결혼을 하게 된 것은 기적이었다.

서른 살. 분명 많이 늦은 건 아니었는데.

이상형을 말하세요

언젠가 앤디에게 물었다.

그는 대답했다.

목소리 톤이 높으면서 밝고 웃을 때는 소리 내서 웃는 것이 좋고 대화할 때 거친 말 혹은 비속어를 사용하지 않아야 하고 당연히 담배 피우면 절대 안되고 헤어스타일이나 액세서리 등을 센스 있게 적절히 바꿔주면 더할 나위 없고 마냥 들어주기보다는 의견을 같이 이야기하는 사람이 더 끌리고, 슬픈 영화 볼 때 눈물도 보일 줄 알고 애교를 갖춘 여성스러움이 있지만 운전도 잘하고 아토피, 주근깨 같은 것이 없는 깨끗한 피부를 가져야 하고 드라마를 즐겨보고 노래도 곧잘하고 술을 적당히 마실 줄 알고 모임이 적당히 있어서 사교성도 있고 여행을 즐길 줄 아는 여자. 그리고 결정적으로 오빠가 있다면 나보다 나이가 많았으면 좋겠다.라고

내 이야기 말고 이상형을 말해 달라고요.

하얀 꽃들 사이에서 노란

꽃들이 노래를 부르는 것 같았다. 음악이 들리는 듯 했다. 6월의 시작이 즐거워서 기분이 좋다. 봄날이 느껴진다.

그대에게 난

너 혼자 고개 푹 수그리고 입은 뽕 내밀면서 열심히 자판 두들기지? 그러면서 낄낄대고 웃고 어깨를 들썩들썩, 건수하나 잡으면 물고 늘어지는 불독, 워리! 이불로 돌돌 말아 김밥을 만들어서 떼굴떼굴 굴려버리고 싶은 워리 녀석, 혼나려고! 하얀 밀가루 반죽처럼 살이 말랑해서 내가 수제비를 만들어 먹고 싶게끔 만드는 워리 녀석!

"뭐~야~~? 완전 짜증나. 아~왜~~." 이러면서 글 쓰고 있지?
어깨가 넓고 등이 넓어 얼굴이 무지 작아 보이며 역도선수처럼 단단한 허벅지에서 뿜어 나오는 강력한 포스로 앤디 군을 기죽게 만드는 워리 녀석.
이젠 웃음만 남았구나.

난 앤디에게
까불이 스머프,
귀여운 호빗족,
빨간 안경의 땅꼬마이다.

小雪

시간이 지나면 모든 것이 해결된다는 옛말은 틀린 말이 아니다. 시간이 지나니 나의 노처녀 병들도 사라지고 시간이 지나니 결혼도 하게 되고 시간이 지나니 나의 모든 짝사랑의 기억과 생각도 사라져간다.

며칠 전 새로 산 구두는 걸을 때마다 나의 뒤꿈치에 상처를 내면서 아픔을 주었지만 차차 시간이 지나면서 나아진다. 이렇게 모든 상처들은 시간이 지나면서 치유될 것이고, 또 시간들이 지나면서 다른 상처들을 낸다. 그리고 다시 아픔을 겪고 치유되고 다시 아프고 하는 일이 평생 반복될 것이다.

나는 소설에 결혼한다.

모시는 글

저희들의 오늘이 있기까지 보내주신
따뜻한 사랑과 깊은 관심에
진심으로 감사하오며,
저희 두 사람은 여러분의 축복을 받으며
진실한 가약을 맺고자 합니다.

부디 참석하시어 기쁨의 자리를 축복으로
더욱 빛내주시길 바랍니다.

서태남 이승숙의 장남 **원식**
김성일 김선주의 장녀 **지원**

남편

혼인을 하여
여자의 짝이
된 남자를 그 여자에
상대하여 이르는 말
남성의 옛말

서.원.식 혹은 앤디
나의 남편이다.

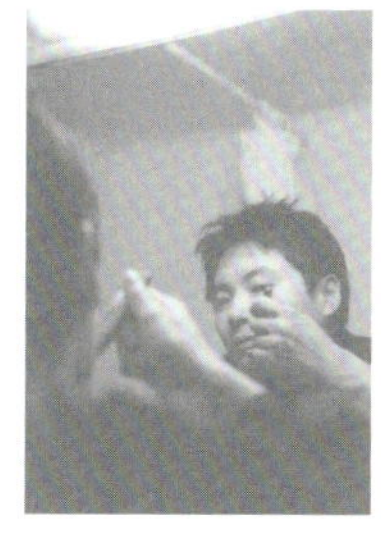

3개월

결혼 3개월 차에게는 질문이 많다.

"결혼하고 뭐가 제일 좋았니?"
"결혼하고 뭐가 제일 싫었니?"
"결혼하고 싸웠니?"

뭐 이런 것들. 왜 이런 것들이 궁금할까?

지난 3개월을 정리하자면 집에 가면 나를 반갑게 기다려주는 이가 있고, 어디를 가도 누구 허락을 맡지 않고 그냥 둘이 가면 되고, 자면서도 도란도란 이야기할 수 있는 말동무가 있고, TV를 보면서도 같이 크게 웃을 수 있는 이가 있지만 아침에 일어나서 밥도 하고 설거지도 해야 하고, 빨래도 해야 하고 청소도 해야 하고, 관리비도 신경 써야 하고, 재활용 용품에 대해서도 신경 써야 하고, 은행 잔고도 신경 써야 하고 뭐 이런 와중에 한 번 크게 싸웠다. 정말 아무것도 아닌 일로. 서로의 습관이 맞지 않아서 그런 건데 그렇게 싸우고 나니 서로 재는 것도 없어지고 그냥 이 사람은 이런 사람, 저 사람은 저런 사람이다 라고 생각하게 되는 것 같다.

결혼은 해도 후회, 안 해도 후회란다.
난 아직 3개월 밖에 안되었으니 아직은 후회할 거리를 만들지 않으려 한다.
그냥 아직은 좋다.

나를 찾아서

나는 12월 14일에 태어났다

나는 늘 나란 존재를 각인하고 확인하기에 급급했던 것 같다. 늘 무언가를 찾아내고 행동으로 옮기며 공유하고 소유하는 것으로 나라는 존재를 확인하고 싶었던 것 같기도 하다.
2004년 글 중에 '문화 생활 정리'라는 포스트를 찾고 한참 동안 많은 생각에 잠겼다.

장르도 내용도 일관성이 전혀 없는 수많은 영화와 공연, 전시 목록들. 그리고 관람 후기까지 꼼꼼히 포스트 해 놓은 2004년의 빌리 김지원. 2005년에는 청년기의 질풍노도를 보냈으며, 2006년 무엇에 홀린 듯 결혼을 하고 스스로를 안정이란 울타리에 안착시킨 엄마 김지원. 그리고 약 10년 후, 나는 지금 어디에 있는 걸까?

2014년 빌리 김지원을 발견한 나는 2015년 나,
김지원을 다시 찾고 싶어졌다.

dry mirror

'하나의 눈짓이 되고 싶은...'

20대의 나의 전공은 짝사랑이었다.
짝사랑은 '일방적임'을 전제로 한다. 짝사랑의 '일방적임'이란 사랑하는 동안의 설렘, 기쁨, 바람, 상처, 슬픔 등의 온갖 감정이 고스란히 나만의 몫이라는 정의의 함축적인 표현일 것이다. 상대가 나의 감정 따위를 알 리가 없기에 온전히 나 스스로와의 감정 싸움만이 존재하는 사랑이다. 그렇기에 난 늘 누군가에게 내가 어떤 존재인지, 어떤 의미인지, 혹은 나의 존재를 드러내기 위해 온 힘을 다하며 살았을지도 모른다.

누군가에게 하나의 눈짓이 되고 싶은 것이 나의 짝사랑의 진심이었을지도 모른다. 늘 집안 한 켠에서 '나 좀 봐줘.', '나도 여기 있는데.', '제발 봐줘.' 라고 말하고 있는 듯한 그냥 그런 생활필수품, 소모품들마냥 나도 늘 누군가의 주의를 맴돌면서 '내가 필요하지 않니?', '내가 보고 싶진 않았니?', '나 여기 있었어.' 라고 속마음에 새겼을지도 모른다. 아니 새겼었다. 어느 날 문득 제자리도 없이 마구 놓여있는 물건들, 구석진 곳에 쳐 박혀 있는 그런 물건들에 관심이 가기 시작했다. 누군가에게 각인되고 싶은 나의 심리 상태가 나와 가장 가까운 어떤 물건으로 옮겨 진 것 같았다.

부엌에 있는 행주를 본다. 행주에서는 물방울이 뚝뚝 떨어진다. 그리고는 지나쳐간다. 밥을 먹고 밥상을 닦을 때 이외에는 행주에 별로 관심을 갖지 않는다. 어딘가에 구멍이 나거나 하면 아무런 고민 없이 쓰레기통에 버려진다. 행주는 그냥 행주다. 그러나 어느 날 갑자기 이 행주는 나에게 더 이상 그냥 행주가 아니었다. 그래서일까? 나는 이날 이후부터 주변 물건들에게 애착을 가지게 되었다. 빨랫감, 택배박스, 종이봉투, 행주, 옷걸이, 날짜 지난 신문, 고무장갑 등등. 그것들을 카메라에 담기 시작했다.

아무렇게나 버려졌다가 막상 필요할 때는 '어디 갔지?' 하면서 찾게 되는 물건들, 우리가 생활하면서 없어서는 안 될 물건들은 항상 옆에 있어서 관심의 대상이 되지 않는다. 사람이나 사랑도 그럴 것이다. 아마 20대의 김지원은 생활필수품 같았을 수도 있겠다. 늘 옆에 있으니 부족함이나 특별함을 느끼기 보다는 당연하고 안정적인 그런 관계를 유지할 수 있는 사람 김지원이 아니었나 싶다.

돌이켜보니 친구는 많아도 남자친구가 없으니 어떤 친구들이건 아무 때나 쉽게 만날 수 있었고, 집에서 고독을 씹고 있다가도 친구들이 부르면 당장 뛰쳐나갈 수 있는 처지였던 나. 그때 그 시절 그런 친구들마저 없었으면 더 재미없는 일상에 치이며 20대를 보냈을 것이다. 작가로서의 김지원은 이점에 감사한다. 많은 것을 가졌지만 늘 뭔가 아쉬운 듯한 감정이 짝사랑 때문이었다면 당연히 짝사랑에 감사해야 마땅하다. 그 덕에 나의 첫 번째 작업은 나를 그대로 그려 낸 듯 솔직하다. "하나의 눈짓이 되고 싶은" 나였으니까.

특별한 날이나 기분전환을 위해 사는 꽃은 찰나의 많은 관심을 받지만 곧 시들고 버려진다. 그러나 행주는 낡고 닳아 해질 때까지 일상에 함께 한다. 매일 행주를 빨고 삶아서 널어 말려 다시 쓰는 행위가 그 행주에게는 하나의 눈짓일 수도 있을 것이다.

짝사랑은 마음은 바쁘지만 생각할 시간이 많다. 짝사랑만으로 끝난 나의 청춘이 가끔은 싫기도 하지만 이렇게 나는 일상의 가능한 시선들을 생각할 수 있게 되었다.

DAK SUPRA 400-2

There are

곰이 재주를 부렸다.
수많은 짝사랑의 담론과 싸운 시간이 무색할 정도로 곰이 낼 수 있는 가장 빠른 속도의 재주를 부렸다. 이젠 각인 심리 같은 건 생각도 나지 않는다. 몸도 마음도 각인을 지나 소속을 가진 기분이다. 내가 사용하는 물건이나 내가 마주하는 환경도 별반 다를 것이 없는데 재주를 부리고 나니 모든 것이 안정된 것 같았다.

참 사람의 감정이란 간사하다.
그 어떤 것도 내 것인 것 같지 않았을 그때는 마주하는 모든 것이 애처롭고 서러웠으며 안쓰러워 보였는데, 이젠 그 모든 것이 따뜻하고 평온하며 안정적으로 보이기까지 한다. 그냥 거기 있어야 하니까 있는 거다. 왜 있어야 하는지, 왜 필요한지, 왜 써야 하는지는 중요하지 않다. '있으니까'가 정답인 것이다. 면도기, 충전기, 동전, 렌즈케이스, 수건, 치약, 양말, 열쇠, 칫솔, 시장바구니, 거름망, 와인따개, 젓가락, 가위, 생리대 등 결혼 후에도 여전히 난 나의 집안을 탐색하고 있었다. 이런 물건들은 너무나 흔해서 혹은 언젠가는 필요할 물건들이지만 일상에 묻혀 살 때는 전혀 생각이 나지 않는 소소한 물건들이다.

나는 변했다. 분명 변했다. 소소한 것들에게 눈짓 한번 못해줘서 안달하던 나였다. 그런데 이젠 필요성의 여부를 생각해 쟁여두는 물건 정도만 생각하고 있다.

나는 갑자기 떠나는 여행처럼 그렇게 결혼을 했다. 어느 날 갑자기 친구들과 저녁을 함께하다 일명 필feel에 꽂혀 무작정 떠나는 여행처럼 나를 향해 쏜살같이 곧바로 직진한 어떤 한 사람의 에너지에 이끌려 여기까지 오게 되었다. 무작정 떠난 이 여행에서 잊거나 혹은 두고 온 것들은 없을까?

어떤 물건이든 그 물건이 없으면 대체할 어떤 도구가 있긴 하지만 대체도구들은 어딘지 모르게 불편하다. 그 도구가 있어야 편한 생활. 마치 집의 따뜻함이나 안락함을 잘 모르다가 여행에서 돌아와서 침대에 누웠을 때의 편안함과 외출을 하고 집에 들어왔을 때 느껴지는 안락함과 맞물리는 거 같다. 내가 돌아 갈 곳이 있다는 것. 그곳에 나를 기다리는 이가 있다는 것. 그냥 거기에 그 모든 것이 있는 것이 얼마나 고마운 일이며, 얼마나 다행인 일인가.

그러나 문득 이런 생각이 든다. 내가 이렇게 의존적인 인간이었나? 내가 이토록 누군가에게 기대고 무언가를 붙들고 어떤 상황에 안정을 느끼는 그런 사람이었나? 그렇다면 난 왜 지난 날 그토록 끊임없이 내달렸단 말인가? 어쩌면 이젠 더 이상 내달릴 기력조차 남아있지 않아서 일지도 모른다. 너무 오랜 시간 수많은 것들이 거기 있음에 의미를 부여해 왔으니 그럴 만도 하다 싶다.

그것들이 거기에 있으니 우연이건 갑작스럽건 나도 여기에 있는 것이 마땅하다. 아쉽지 않다. 안타깝지도 않다. 모자라지 않다. 넘치지도 않는다.
나의 눈길 하나하나가 머무르는 곳마다 자연스럽고 당연하다.

'There are something that…….'

Re:

아이 둘을 낳았다.

매일매일이 똑같다. 심지어 집도 이젠 너무 지겹다. 꽃이 만지고 싶었다. 꽃꽂이를 배우러 다니기 시작했다. 꽃은 일주일 정도 지나면 대부분이 시들었고 다시 일주일 후에는 새로운 꽃을 만들어 가져왔다. 반복되는 일상 같지만 또 다른 꽃을 보며 일상이 새롭게 느껴졌다.

어느 날, 좋아하는 리시안셔스 몇 송이가 남아서 작은 화병에 담고 싶었지만 나에겐 화병이 없었다. 다 쓴 스킨 병이 눈에 띄였다. 가지고 있는 것들 중에 유독 마음에 드는 것들은 그 쓸모가 다 되어도 바로 버리지 못하는 나의 성격 덕에 병들이 집안 여기저기 있었다.
꽤 괜찮은 빈 병에 꽃 몇 송이를 꽂았다.

보경아.
꽃 여기다 꽂으니 예쁘지. 어디다 둘까?
(싱크대를 가리키며) 엄마 여기다 둬요.
왜?
엄마가 제일 많이 서있으니깐 제일 많이 볼 수 있잖아요.

갑자기 난 이 막힌 벽을 보며 하루의 반 이상을 서있는 나를 떠올리니 눈물이 핑 돌았다. 아이들을 낳기 전에는 나름 쓸모 있는 인간이라 생각이 들었는데 아이들을 키우면서 집에만 있다 보니 쓸모 없는 인간이 되고 있다고 느끼는 찰라였다.

내년이면 40대가 되는 아줌마 빌리.
빈 병과 아름다운 꽃을 바라보는 시선은 마치 나와 같았다. 아주 평범하고도 지루한 일상 속에서 꽃꽂이와 아들의 말 한마디가 다시 나를 나답게 만들어 주었다. 나는 아이들의 엄마이기 전에 아줌마가 아닌 여자였고, 여자이기 전에 인간 김지원이었던 것이다.

일상은 날마다 반복되는 생활이다. 거기엔 반복성, 연속성, 항상성을 가진다. 영아를 키우는 엄마는 이 일상이 너무나 반복적이고 연속적이어서 몸은 힘들고 쉽게 지치기 마련이다. 그래서, 지칠지언정 지루한 일상 속에서 비일상적인 것을 찾으려고 애쓰는 것은 당연한 것일 수도 있다. 일회적이고 혁신적인 무언가를 찾으려고 애쓴다. 늘 향기롭고 아름다운 꽃은 갑자기 시들어버려 쉽게 버려진다. 쓸모를 다한 빈 병이 본성을 드러내며 다른 것을 담을 수 있는 특별한 것으로 간직된다. 이런 상반된 관계를 가진 사물들이 만나서 하나의 완성체를 만든다. 그리고 버려진 사물을 다시 봄으로써 지친 자아를 찾고 다시 기회를 갖고 싶다는 의지가 생겨난다.

Re-turn, Re-start, Re-make, Re-mind, Re-set, Re-

belif
believe in truth 50 ml
The true cream - moisturizing bomb
Clinically-proven to retain
moisture for
Dermatologically tested
*With Comfrey leaf, Napiers moisture formula,

다시 무언가를 되돌리고 싶다. 다시 무언가를 시작하고 싶다. 다시 무언가를 만들고 싶다. 다시 무언가를 떠올리고 싶다. 다시 무언가를 이루고 싶다.
다시, 다시, 다시.
'다시'라는 말이 이렇게 긍정적으로 느껴지는 단어였는지 이전에 미처 몰랐다. 이전의 '다시'라는 말은 실패의 상징이며 파괴의 느낌이고 허무함의 표현인듯 했다. 그러나 지금의 빌리, 나 김지원이 느끼는 '다시'는 무한 긍정의 표현이며, 이미 이루었다는 느낌이며, 자신감의 상징이다.

나는 다시 시작한다.

그동안의 일상들이 나에게 손짓을 했다면, 지금부터는 나의 자아를 찾게 해 준 일상에게 나의 손짓으로 생명을 불어 넣어 줄 것이다.

HYDRA BEAUTY
CRÈME
HYDRATATION PROTECTION ÉCLAT
HYDRATION PROTECTION RADIANCE
CHANEL

Epilogue

사랑이라는 그것

인류가 존재 한 순간부터 사랑에 관한 수많은 정의들이 있어 왔다. 인간은 각자 자신이 살아가는 동안 자신만의 방법으로 어떻게든 사랑을 표현하고 기를 쓰고 사랑을 얻으려고 한다. 셀 수 없을 만큼의 쏟아져 나오는 사랑에 관한 영화, 시, 소설, 그림, 사진 등등 그 종류와 표현 방법도 다양하다. 그러나 그 모든 것들은 그들의 사랑이지 나의 사랑은 아니다. 빌리의 다이어리도 나의 사랑이긴 하나 당신의 사랑은 아닐 것이다.
누구나 사랑할 수 있으나 모두를 사랑할 수는 없다. 적어도 나는 그렇게 생각한다. 당신은 어떠한가? 당신의 사랑은 무엇인가? 무수히 많은 정의들 중에 당신의 사랑과 가장 가까운 사랑이 존재하는가?

연인들의 애틋한 사랑이든, 혼자 하는 짝사랑이든, 부모와 자식간의 사랑이든, 어느 누구와도 사랑을 꿈꾸든지 간에 당신의 사랑의 표현은 무엇인가?
과연 사랑이란 단어가 존재하지 않는다면 인간이 존재할 수 있을까?

나의 사랑은 사진일 수도 있다. 나는 늘 사진을 찍었다. 슬픈 사랑이든, 힘든 사랑이든, 외로운 사랑이든, 따뜻한 사랑이든, 행복한 사랑이든, 애잔한 사랑이든, 뭐든 간 매 순간 사진을 찍었다. 사랑은 나의 사진에서 가장 정확히 표현된다. 나의 사랑의 감정에 따라 달라지는 이미지들은 같은 사물을 바라보는 나의 감정이 어떻게 변했는지 왜 변했는지를 끊임없이 이야기 해준다. 수천 자, 수만 자의 글로도 설명할 수 없었던 나의 사랑을 충실하고 정확하게 알려준다.

짝사랑에 마음 아픈 빌리는 모든 것이 모가 나있고 성질을 내는 치열한 이미지로, 짝사랑을 마친 빌리는 모든 것이 그저 아름답게 보이고 마음가짐도 한 결 가볍고 착해진 이미지로, 내리사랑을 시작한 빌리는 모든 것을 나눠주고 감싸주고 보호해줘야 하는 이미지로 설명해 주고 있다.

2004년의 빌리의 다이어리를 꺼내 읽었다.

글보다는 감성적인 사진이, 이미지보다는 분석적인 글들로 가득하다. 내가 쓴 글 같지도 내가 찍은 사진 같지도 않은 나의 다이어리. 읽는 내내 낯설기도 하고 흐뭇하기도 하고 움츠려 들기도 한다. 2006년의 빌리는 온통 남편과 그에 얽힌 이야기와 이미지들로 가득하다. 냉철하지도 않고 분석적이지도 않은 글과 엽서에서 자주 등장 하는 듯한 상투적이고 틀에 박힌 이미지들로 가득 찬 빌리의 다이어리. 그것들은 '아! 그때 그랬구나.' 하는 나의 연상작용만 도울 뿐이다. 그리고 지금의 빌리의 다이어리는 아이들로 가득하다. 여느 다른 엄마들처럼 '나의 이야기'는 손에 꼽을 만큼이다. 글이라고 하기에도 민망할 정도의 간단한 일과정리와 언제 어떤 감정으로 찍었는지 조차 가늠할 수 없을 만큼의 아이들의 일거수일투족을 나열한 듯한 이미지들. 감상 따윈 존재하지 않는다.

'사랑이 변했구나.'

피식 헛웃음이 난다.
나의 사진이 나에게 말한다.

사랑은 변하는 것이 아니라 진화하는 것이라고.

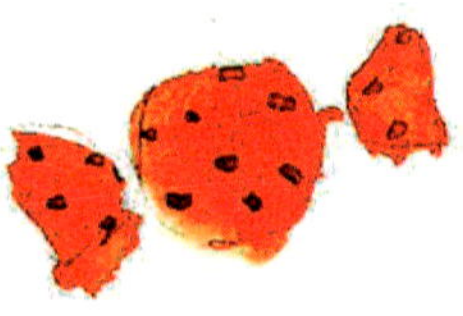

지난 39년의 세월을 돌이켜보니 나는 한 순간도 사랑하지 않았을 때가 없었다는 생각이 든다. 그 사랑이 연인들의 달달한 사랑은 아니지만 누군가를 혼자 사랑했고 누구와도 편하게 만나 어울렸고 그들과 함께하는 것이 마냥 행복했던 시간이었고, 다만 밋밋한 사랑의 연속이었을 뿐이라는 생각이 든다.

적극적으로 다가가지 않았을 뿐이지 나는 내가 사랑하는 사람이 나에게 다가오길 누구보다도 열정적으로 바랐던 것뿐이다. 상처받는 것을 두려웠던 나는 환경이 바뀌고 사람들이 내게서 멀어지면 그냥 아무일 없었다는 듯이 남에게 들킬까 싶어 마음 속 깊이 그 사람을 넣어 두었다. 아마 이 순간들이 내 사랑의 변화이자 움직임이었고, 진화 중이었을 것이다.

난 사진작가 김지원이다.

아빠가 쓰시던 캐논 AE-1의 카메라가 내 손에 들어왔을 때부터 뭔지도 모를 셔터의 '찰칵' 소리에 반해 사진을 찍기 시작했고 그렇게 시작한 사진을 어느 때부터인가 사랑하게 되었다. 그리고 나는 아직까지 사진을 찍고 있다.

전공을 바꾸어 본격적으로 사진을 시작했고, 항상 사진과 함께 살아 왔다. 술자리에서 친구들의 진실된 모습, 울고 있는 아이들의 모습, 나의 가족의 일상, 나의 은밀한 사생활, 하찮은 물건들의 모습들을 항상 기록해 오면서 나는 사명감 비슷한 마음으로 사진을 찍어 왔다. 사진의 현재는 당시의 현재보다 몇 년이 지난 후의 현재를 다시 인식하게 하는 마법을 가진 듯 했다. 또한 사진을 찍는 지속적인 행위를 통해 모든 피사체를 나도 모르게 사랑하게 된다.

나의 작은 소망 중에 하나가 평생 사랑하며 살고 싶은 것이다. 아마 내가 계속 사진을 찍으면서 인생을 살아간다면 평생 사랑하며 살고 있다는 증거일 것이다.

Billy's Diary2 _ 그대는 얼마나 나를 사랑해요? **Combien tu m'aimes?**

초판 1쇄 인쇄 2015년 6월 8일
초판 1쇄 발행 2015년 6월 18일

지은이 김지원 aka Billy
펴낸이 배진희
편집장 배진희(mugplay3@gmail.com)
표지 및 내지 일러스트 이진선(happyclea@gmail.com)
편집디자인 이석훈(mugplay2015@gmail.com), 이진선(happyclea@gmail.com)
객원디자이너 정승원(humming2009@naver.com)
사진감수 이석훈(mugplay2015@gmail.com)
교정 및 교열 장수현, 이주희
펴낸곳 머그mug
출판등록 2008년 1월 28일 제2010-000027호
주소 서울시 서초구 양재동 117-3호 대평빌딩B1
전화 02-529-6821
인쇄 대흥 C&P 02-2263-6011 서울 중구 필동1가 21-5

정가 11,200원
ISBN 978-89-960733-1-4 04660
세트ISBN 978-89-960733-8-3 04660 (전 3권)

본문 사진 출처

술과 부케 36p _ 채희수플라워 네이버 blog.naver.com/chs_flower **Instagram** chsflower

이터널 선샤인 84p _ 네이버 http://movie.naver.com/movie/bi/mi/photoView.nhn?code=38444